お砂糖なしの
ケーキブック

素材味のお菓子たち

素材の味をそのままに、
自然志向の手作りお菓子。

野菜、果物、種実にスパイス、
わが家で作る優しい甘さ。

レシピ　宇田　和子（うだ　かずこ）

イラスト　宇田　恵（うだ　けい）

はじめに

　「お菓子が食べたい、でも太るのはイヤ。」「甘い物が食べたい、でも市販のお菓子は甘さがきつくって...。」「庭で実ったこの果物、手作りのお菓子にも使いたい！」「子どもたちの食事やおやつに、自然の味を感じて欲しい。」こんな思いを持つ方は、多いことと思います。今、日本に住む私たちの周りには、食べ物があふれています。お菓子の類にしても、工場で作られてパッケージされて送られて、スーパーの棚に並んで賞味期限がいついつまででといった、自然のままの食べ物からは遠くなってしまった品がいっぱいです。

　売られているお菓子には、大量生産されて安価であったり、作る手間をはぶいてくれたり、テレビコマーシャルされて「すてき！」と思ったり、といったメリットがありますが、でも味が強すぎたり、化学的な添加物が多かったり、「外見は良いけれど素材としての食べ物はどこにあるの？」と、思わされてしまう物も少なくありません。

　手作りが好き、優しい甘さが好き、素材のままの味が好き、味の強さは自分好みで調整したい、ビタミン・ミネラル・食物繊維・ハーブやスパイスを生活の中に取り込みたい...。こんな方のために小さなこの本で、砂糖を使わない手作り菓子を紹介してみました。甘さの源は、野菜・果物・ドライフルーツ・お酒のたぐい...。スキムミルクも、低カロリー・高カルシュウムな甘みの源。胡麻やきなこといった種実類も豊かですから、植物性のタンパク質や脂質も摂取できます。砂糖の益を決して否定はしないけれど、砂糖を使わない素材味の淡さも、忘れたくない味のうち。時間のゆとりが取れた時、自然豊かな材料が手に入った時、手作り菓子で作る楽しみを感じたい時、個性豊かな"**砂糖不使用のお菓子**"を作ってみませんか？

はじめのおことわり

* 材料の重量はすべて正味です。洗ったり必要な皮むきをしたり、といった作業の後の重さです。
* オヴンの温度や時間は、生地の状態、オヴンの種類、その日の天候等で変わって来ます。時々に合わせた調整をして下さい。

目　次

はじめに ……………………………………………………………………… 3

焼き菓子たち
　きなこビスケット ……………………………………………………… 8
　アーモンド・ビスケット ……………………………………………… 10
　塩味ビスケット ………………………………………………………… 12
　タルトレット …………………………………………………………… 14
　シュークリーム ………………………………………………………… 16
　野菜と果物のバター・ケーキ ………………………………………… 19

ドライとフレッシュの果物で
　フルーツ・パイ ………………………………………………………… 26
　サワー梅酒 ……………………………………………………………… 29
　サワー干し柿 …………………………………………………………… 31
　サワーなドライフルーツたち ………………………………………… 33
　ジャムみたいなドライフルーツ ……………………………………… 34
　お饅頭 …………………………………………………………………… 36
　チョコレート・トリュフ ……………………………………………… 38

つめたいお菓子
　きなこミルクゼリー …………………………………………………… 42
　バナナ・アイスクリーム ……………………………………………… 44
　ビール・シャーベット ………………………………………………… 46
　レア・チーズケーキ …………………………………………………… 48
　野菜・果物のプディング ……………………………………………… 51

揚げ菓子2つ
　ゴマさつまドーナッツ ………………………………………………… 56
　フルーツ・フリッター ………………………………………………… 58

ハーブ・ドリンク ……………………………………………………… 60

おわりに …………………………………………………………………… 62

焼き菓子たち

きなこビスケット

きなこの香りを活かしたビスケット。
大豆に含まれるイソフラボンは、女性ホルモンを調整すると言われています。

材料：直径5cm 15枚分

薄力粉 50g、きなこ 50g、重曹 1g、バター 50g、卵 1個程度

作り方

【生地を仕込む】

❶ 薄力粉、きなこ、重曹をフードプロセッサーに入れ十分に攪拌し、粉ふるいをする。バター（食塩使用の物でも不使用の物でも、あるいはマーガリンでも、選択自由。でも、生地の硬さが違ってくるので卵で調節）を1cm角に切ってフードプロセッサーに入れ、サラサラになるまで攪拌。卵を入れて攪拌し、ひとまとまりになれば生地の出来上がりです。

【成形して焼成する】

❶ ボードに生地をあけ、打ち粉をして3mm厚さに伸す。直径5cmの抜き型で抜いてベーキングシートを敷いた天板に移す。必要ならば途中、冷蔵庫で冷やして成形する。

❷ オーブンを200℃に予熱する。200℃－5分、170℃－10分、140℃－5分見当で焼き上げる。

きなこの炒りの香りと重曹の香りが似合います。ひなびた感じの素朴な味。もしも甘みを加えた物も作りたかったら、焼く前に、きび砂糖を表面に振り掛け、指で軽く押しつけてから焼いてみて下さい。一つの生地から2つの味が作れます。

アーモンド・ビスケット

何の味もないのだけれど、旨みを感ずるビスケット。粉にアーモンドプードルを混ぜるので、その持ち味を感ずるからです。作り方は、前の「きなこビスケット」とほぼ同じです。

材料：直径5cm 15枚分

薄力粉 80ｇ、アーモンドプードル 20ｇ、ベーキングパウダー 1ｇ、
バター 50ｇ（食塩使用または不使用）、卵 1個程度、アーモンドオイル 少々

作り方

【生地を仕込む】

1. 粉、アーモンドプードル、ベーキングパウダーをフードプロセッサーに入れ、十分に攪拌する。次に、1cm角に切ったバターを加えて、サラサラになるまで攪拌する。卵、アーモンドオイルを加えて攪拌し、一つにまとめる。

【成形して焼成する】

1. 生地をボードにあけて打ち粉をし、3mm厚さに伸す。直径5cmの丸い抜き型で抜いて、ベーキングシートを敷いた天板に移す。成形時、必要なら冷蔵庫で冷やして休ませる。抜いて成形しないで、手で丸め成形すると楽。手でやる時は、生地を15ｇずつ取って丸め、天板に押しつけて平たく丸くまとめます。
2. オヴンを200℃に予熱する。200℃－5分、170℃－10分、140℃－5分見当で焼き上げる。

一つ生地から甘みのある物も作りたかったら、きなこビスケットと同じように、焼く前にグラニュ糖を振って下さい。グラニュ糖を生地に軽く押しつけてはがれないようにするか、卵白を刷毛塗りし、その上からグラニュ糖を振り掛けます。グラニュ糖を掛けると、焦げやすくなります。オヴンの200℃段階での焼き時間は、様子を見て調整して下さい。そして、卵白＋グラは卵白の分だけ湿り気が多くなっているので、最後の140℃の乾燥焼きの時間を長めにすると、軽く上がります。

塩味ビスケット

「しょっぱい味」も、「砂糖なしのお菓子」の一種類と考えることができるでしょう。日本の「おせんべい」みたいなものです。塩味ビスケットを焼いておくと、お酒のおつまみ、前菜の一品、カナッペの台、お弁当やおやつの何かもうちょっと、に役立ちます。クラッカーみたい、と思って下さって大丈夫。ゴマを使った1つと、ハーブやスパイスを使った3つをご紹介してみます。

材料：直径5cm 15枚分

〔ビスケット生地〕薄力粉　100g、ベーキングパウダー　1g、食塩使用バター　50g、
　　　　　　　　塩　0.5g、卵　1個
〔風味素材〕黒ゴマ　大さじ1、
　　　　　またはカレーパウダー／パプリカ粉／ベイリーフパウダー　小さじ2

作り方

【生地を作る】
① フードプロセッサーに粉とベーキングパウダーを入れ十分に攪拌して、粉ふるいをする。次に、1cm角に切ったバターと塩を入れ、サラサラになるまで混ぜる。
② 風味素材のうちの1つを加え、攪拌して全体を混ぜる。卵をさらに加えて、生地がひとまとまりになるまで混ぜる。
③ ボードに生地をあけ、両手でころがして細長くのばし、包丁で15個に切り分ける。必要に応じて、打ち粉をしたり冷蔵庫で休ませながら作って下さい。

【成形と焼成】
① 分けた生地を、ベーキングシートを敷いた天板に指で押しつけて、直径5cm厚さ3mm程度に丸くのばす。中央はくぼませ気味にすると、火通りが均質になる。
② オーブンを200℃に予熱する。200℃－5分、次に170℃－10分、さらに140℃－5分見当で焼き上げる。

黒ゴマを入れたものはプチプチ、カレーやパプリカ入りは、辛さの刺激が味にメリハリを与えます。辛みが好きと言う方は、七味とうがらし風味も作れます。スパイスを加える量は、メーカーで辛さや風味が違う場合もありますから、自分で調整が必要です。
ベイリーフパウダーは、乾燥した月桂樹の葉（つまりベイリーフ）を、まずハサミで葉脈を取り細く切り、それから電動ミルにかけて粉末状にします。電動ミルがあると、いろいろな乾燥ハーブを粉末にできるので、料埋の幅が広がります。この「塩味ビスケット」にも、ベイリーフ以外の、加熱しても香りが残るドライハーブを、ミルで粉末にして使えます。

タルトレット

アーモンド・ビスケット同様の生地を小さな型に敷き込んで焼いて、中に何かを詰めてあげればタルトレットの出来上がり。このタルトレットケースは、とっても味薄。だからいろんなフィリングとなじみます。ケースだけ焼いておいて、市販のアイスクリームを盛ったり、フルーツ入りのクリームチーズを詰めたり、あるいはまた、エビや貝を使った、ちいさなサラダのケースにも使えます。以下でのフィリングはさつまいもを使ったものです。

【ビスケットケース作り】
材料（8ｃｍ直径のタルトレット型6個分）

薄力粉　80ｇ、　アーモンドプードル　20ｇ、ベーキングパウダー　小さじ1/6、
マーガリンまたはバター　50ｇ、　卵　1個程度、　アーモンドオイル　少々、
型に塗るマーガリン（食塩不使用）

作り方

1. マーガリン／バターは1ｃｍ角に切り冷たくしておく。型に薄く無塩のマーガリンを塗る。
2. フードプロセッサーに粉、アーモンドプードル、ベーキングパウダーを入れ、十分に攪拌して空気を含ませる。さらにマーガリン／バターを入れ、さらに攪拌しサラサラな状態にする。
3. 様子を見ながら卵を加えて攪拌して、生地がひとまとまりになったら、ボードにあける。
4. 3ｍｍ厚さに伸して、タルトレットの型そのもので抜く。指で軽く押して生地を型に沿わせ、縁を整え、側面と底にピケをする。
5. 200℃－5分、170℃に下げて10分、さらに140℃に下げて10分の見当で焼成する。
6. 型からはずして網に取り、水分を飛ばす。

【さつまいもフィリング作りと全体の仕上げ】
材料（上記のビスケットケース6個分）

さつまいも　100ｇ、　クリームチーズ　50ｇ、白ワイン　20ｃｃ程度、バニラエセンス、
飾り（生クリーム　50ｃｃ、　コアントロー　5ｃｃ、ドライフルーツやミントの葉）

作り方

1. さつまいもを電子レンジで十分に柔らかくする。
2. フードプロセッサーに①のさつまいもとバニラエセンスを入れて攪拌する。クリームチーズをちぎって加えて攪拌する。様子を見ながら白ワインを少しずつ加えて攪拌し、ケースに詰めやすい固さに調節する。
3. ビスケットケースにフィリングを詰め、コアントローを加えた生クリームを6分立てにして、上から垂らす。さらにドライフルーツ等で飾る。

シュークリーム

シュー生地って、とても独創的な素材です。それ自体に甘みも塩味も少ないから、中に何を入れるか、外に何をかけるかで、いろいろに風合いを変えてくれるからです。カスタードクリームや生クリームを入れて粉砂糖をかけたのは、みんなのおなじみ普通のお菓子ですが、中にポテトサラダを入れたり、卯の花煮などというのを入れたりすると、副菜の一つとして使えます。素材味を活かしたお菓子感覚シュークリームも、私たちの工夫や好みでいろいろと作れそう…。でもまずはシュー皮を焼いて、それから中身。中身は3種載せました。レシピのバターはすべて、食塩使用/不使用どちらでもかまいません。

> シュー皮

材料：10個分

バター 50ｇ、水 100ｃｃ、薄力粉 50ｇ、卵 100ｇ程度

作り方

【生地を仕込む】

1. バターは１cm角に切る。粉はふるう。卵は十分にほぐす。
2. 厚手の鍋に水とバターを入れ強火にかける。鍋をゆすってバターを溶かし、泡立って全体が沸騰したら粉を入れて火を止める。
3. 余熱の上で木ベラを使い、鍋底をこすりながら生地をまとめる。全体がコロリと一つになる感じが出ればOK。
4. 卵の1/3量を一気に加えて、手早く力を入れてかき混ぜる。全体均一になったら次の1/3量を加え、再び混ぜる。後は様子を見ながら少しずつ卵を加え、そのつど混ぜ、木ベラでタネをすくって三角形にパタリと落ちる固さに仕上げる。

【焼成する】

1. オーブンを200℃に予熱する。１cmの丸口金を付けた絞り袋で、ベーキングシートを敷いた天板に十分間隔を取って絞る。
2. 200℃－５分、170℃－10分、150℃－10分の見当で焼き上げる。
3. 冷めたら上1/3を切り離す。

> フィリング 1　野菜味のアーモンド・カスタードクリーム

材料：10個分

〔アーモンド・カスタードベース〕アーモンドプードル 10ｇ、 卵黄 １個分、
牛乳 100cc、 バター 10ｇ、 アーモンドオイル 少々
〔加える野菜など〕カボチャ／さつまいも／栗 200ｇ、 生クリーム 50cc程度、
ラム酒 ５cc、 好みのスパイス（シナモン／カルダモン／クローブ／ナツメグ／クミン等）適量

作り方

【アーモンド・カスタードベースを仕込む】

1. 小鍋にアーモンドプードルと卵黄を入れ、十分に混ぜる。牛乳を少しずつ加えて溶きのばし、中火にかける。
2. 絶えず鍋底を当たりながらとろみがつくまで火を通す。バターとアーモンドオイルを加えて混ぜ、バターが溶けて全体に混じれば出来上がり。表面に皮が張らないよう、ぬれ布巾を掛けておく。

【野菜などを加える】
1. カボチャ等はレンジをしたりゆでたりして、柔らかにして正味200ｇ準備する。アーモンド・カスタードベース、生クリーム、ラム酒、スパイスと共にフードプロセッサーでなめらかなクリーム状にする。固さは生クリームで調節。

フィリング 2　生クリきなこ

材料：10個分

生クリーム　200cc、　ウグイスきなこ　100ｇ、　ミントリキュール　30cc

作り方

1. ボールにきなこを入れ、生クリームを少しずつ入れて混ぜ、ダマにならずにほぼ混じったらリキュールを入れ、氷水に当ててハンドミキサーでしっかりと泡立てて、出来上がり。

フィリング 3　バナナチョコ

材料：10個分

生クリーム　100cc、　完熟バナナ　300ｇ、　ココアパウダー　大さじ4、　ラム酒10cc、バニラエセンス　少々

作り方

1. フードプロセッサーにバナナ、ココア、ラム酒を入れて攪拌し、ペースト状にする。
2. 氷水に当てたボールで、バニラエセンスを加えた生クリームをしっかりと泡立てる。
3. ①と②を合わせて、出来上がり。

【全体の仕上げ】
シュー皮に好みのフィリングを詰めて蓋をして、好みの飾りをして下さい。きなこやココアやパウダー状のスパイスを振ったり、甘みが欲しい時は粉砂糖を振ります。

野菜と果物のバター・ケーキ

外見は、パウンド型で焼いたバター・ケーキ。食べてみても、なにかバター・ケーキの感じ。でも砂糖やバターを加えることはしていません。果物、野菜と種実類の組み合わせで、素材の味濃く仕上がるからです。甘さの少ないバター・ケーキ風が食べたい。お菓子といつわり、子どもたちに野菜を食べさせたい。こんな時に役立ちます。朝・昼・お弁当・ティータイム、いろんな時に使えます。冷蔵庫に入れて日持ちがするし、冷凍も可能です。冷たくして生返ったら、オヴントースターで焼くと、ふんわり感がもどります。

食べる時に好みの物を付けて、変化が楽しめます。バター、マーガリン、ジャム、蜂蜜、ホイップした生クリーム...。キャロットケーキにマヨネーズ、オニオンケーキにマスタード、トマト缶のケーキにタバスコなど、塩味感覚のソース、スパイスも似合います。

以下の6品、分量はすべて20×8×5cm程度のパウンド型1本分です。

リンゴのケーキ　　甘さのもとはリンゴとレーズン

材料
薄力粉　150ｇ、ベーキングパウダー　小さじ２、　リンゴ　200ｇ、　レーズン　20ｇ、
スキムミルク　20ｇ、　卵黄　1個分、　アーモンドプードル　50ｇ、バニラオイル　少々、
シナモンパウダー　小さじ1/2、　卵白　1個分、　白ワイン　大さじ1

作り方
1. 粉とベーキングパウダーを合わせてふるう。
2. リンゴをすりおろして大きなボールに入れ、レーズンからシナモンパウダーまでを順番に加えて混ぜてゆく。
3. 別のボールで卵白をピンと角の立ったメレンゲに立てる。
4. リンゴの生地ボールにメレンゲの1/3を加えてざっと混ぜ、次に①の粉の1/3を加えてざっと混ぜる。メレンゲの次に粉、の工程をあと２回繰り返して、ケーキ生地を仕上げる。
5. 紙を敷いた型に生地を入れ、中央を窪ませ、170℃のオヴン40分見当で焼き上げる。
6. オヴンから出したら、ワインを刷毛塗りする。

バナナのチョコレートケーキ　　バナナとココアの定番的組み合わせ

材料
薄力粉　130ｇ、　ココアパウダー　20ｇ、　ベーキングパウダー　小さじ１、
重曹　小さじ１、　完熟バナナ　200ｇ、スキムミルク　20ｇ、　卵黄　1個分、
アーモンドプードル　50ｇ、牛乳　50cc、バニラオイル　少々、　卵白　1個分、
ラム酒　大さじ１

作り方
1. 粉、ココア、ベーキングパウダー、重曹は合わせてふるう。
2. 大きなボールの中でバナナをつぶし、スキムミルクからバニラオイルまでを順番に加えて混ぜてゆく。
3. 別のボールにピンと立ったメレンゲを立て、1/3量を②のボールに加えてざっと混ぜ、①の粉の1/3を加えてざっと混ぜる。これをあと２回繰り返して、ケーキ生地を仕上げる。
4. 紙を敷いた型に生地を入れ、中央を窪ませ、170℃のオヴン40分見当で焼き上げる。
5. オヴンから出したら、ラム酒を刷毛塗りする。

キャロットケーキ　人参、くるみ、キャラウェイの好相性

材料

薄力粉　150ｇ、　ベーキングパウダー　小さじ１、重曹　小さじ１、　人参　150ｇ、
サラダ油　大さじ１、　スキムミルク　20ｇ、　卵黄　１個分、　くるみ　50ｇ、
牛乳　100cc、キャラウェイシード　小さじ１、卵白　１個分、　赤ワイン　大さじ１

作り方

1. 粉とベーキングパウダー、重曹は合わせてふるう。人参は千切りにし、サラダ油でゆっくりと炒め柔らかくして冷ましておく。くるみは包丁で荒く刻む。
2. フードプロセッサーに①の人参とくるみ、そしてスキムミルクからキャラウェイシードまでの材料を入れ、ざっと混ぜて、大きなボールにあける。
3. 別のボールで卵白を堅いメレンゲに立てる。
4. ②のボールに、メレンゲの1/3を加えて混ぜ、①の粉の1/3を加えて混ぜ、さらに1/3ずつの作業をあと２回繰り返して生地を作る。
5. 紙を敷いた型に入れ、中央を窪ませ、170℃のオヴン40分見当で火を通し、焼き上がりにワインを刷毛塗りする。

オニオンケーキ　タマネギの甘さとフェンネルの香り

材料

薄力粉　150ｇ、　ベーキングパウダー　小さじ２、　タマネギ　150ｇ、　サラダ油　大さじ１、
スキムミルク　20ｇ、　卵黄　１個分、　バターピーナツ　50ｇ、
牛乳　50cc、フェンネルシード　小さじ１、　卵白　１個分、　白ワイン　大さじ１

作り方

1. 粉とベーキングパウダーは合わせてふるう。　タマネギはみじん切りにし、サラダ油でゆっくりと透明に炒めて冷ましておく。バターピーナツは荒く刻む。
2. フードプロセッサー に①のタマネギとバターピーナツ、そしてスキムミルクからフェンネルシードまでの材料を入れて攪拌してペースト状にし、大きなボールにあける。
3. 別のボールで卵白をしっかりとしたメレンゲに立てる。
4. ②のボールにメレンゲと粉を、今までのケーキのように1/3ずつ加えて生地を仕上げ、 同様に焼成して、焼き上がりにワインを塗る。

コーンケーキ　　クリームスタイルのコーンの缶詰を使って

材料

薄力粉　150ｇ、　ベーキングパウダー　小さじ２、　缶詰のコーン（クリームスタイル）150ｇ、
スキムミルク　20ｇ、　卵黄　１個分、　白すり胡麻　50ｇ、
カルダモンパウダー　小さじ1/2、　卵白　１個分、　白ワイン／日本酒　大さじ１

作り方

1. 粉とベーキングパウダーを合わせてふるう。
2. 大きなボールの中で、コーン缶からカルダモンパウダーまでを順番に混ぜて行く。
3. 別のボールでしっかりとしたメレンゲを立て、今まで同様、②のボールの中へ粉と交互に1/3ずつ合わせてゆく。
4. 型に入れ、中央を窪ませて、同じように焼き上げる。焼き上がりのお酒は、日本酒も似合います。

トマト缶のケーキ　　赤さが魅力

材料

薄力粉　150ｇ、　ベーキングパウダー　小さじ２、　缶詰トマト（カット）　150ｇ、
スキムミルク　20ｇ、　卵黄　１個分、　アーモンドプードル　50ｇ、
パプリカパウダー　小さじ1/2、　卵白　１個分、　赤ワイン　大さじ１

作り方

1. 粉とベーキングパウダーは合わせてふるう。
2. 大きなボールの中で、トマトからパプリカパウダーまで、順番に混ぜてゆく。トマトは少し粒のように残っていても、赤色のアクセントとなります。
3. 別のボールでしっかりとしたメレンゲを立て、②のボールに粉と交互に1/3ずつ合わせてゆく。
4. 型に入れて、今までと同じように、170℃40分見当で焼く。焼き上がりにワインを塗る。

# MEMO

MEMO

ドライと
フレッシュの
果物で

フルーツ・パイ

お砂糖を使わなくとも、アーモンドの風味を活かし、果物たっぷりでパイを焼けば、こくも甘みも、もう十分。でも、砂糖を使ったパイに近くて自然な味のまま、のために4つの工夫。①パイ皮は底だけにして蓋なしにしましょう。甘くないパイ皮が少なくて、甘い果物が多くなります。②パイ皮用バターは食塩有りを使いましょう。塩味が少しあるので、味の補いになります。③果物は、皮ごと食べられる物ならば、農薬やワックスを使っていないで太陽を浴びた果物を、皮ごと味わってしまいましょう。④蓋皮生地としてアーモンド・クリームを使い、それには白ワインで甘みを添えましょう。

では、個々の実例。りんご、キウイ、柿、洋梨、そしてバナナの5つが写真です。小さめな直径15cmのパイ皿サイズの分量と作り方です。

材料：直径15ｃｍのパイ皿１枚分

〔パイ皮〕薄力粉　100ｇ、有塩バター　50ｇ、冷水　50cc程度、　バニラオイル　少々
〔果物〕200ｇ、　好みのスパイス（シナモン／ナツメグ／クローブ等）小さじ1/2
〔アーモンド・クリーム〕アーモンドプードル　50ｇ、ケーキ用マーガリン　50ｇ、卵１個、
　　　　　　　　　　　生クリーム　50cc、プレーンヨーグルト 50ｇ、白ワイン　50cc、
　　　　　　　　　　　アーモンドオイル　少々

作り方

【パイ皮生地を仕込む】

1. バターは１cm角に切る。材料はすべて冷たくする。
2. フードプロセッサーに粉を入れ、バターを入れて様子を見ながら攪拌し、バターが小豆粒くらいの大きさで粉でまぶされている状態にする。
3. ボールにあけて中央に窪みを作って、冷水とバニラオイルを入れ箸で混ぜ込み、おおむね混ざったら、手で押しながら丸くまとめる。
4. ボードに移して打ち粉をして、麺棒で縦２倍くらいに伸ばす。包丁で半分に切って、切った面と切らなかった端面を組み合わせて重ね、90°回転させて今まで伸ばしていなかった方向を縦２倍に伸ばす。必要に応じて打ち粉をしたり冷蔵庫で休ませながら、２倍長さに縦伸ばし――半分切り――重ねて90°回転――別方向を伸ばす、を３回くらい繰り返す。
5. パイ皿の径＋立ち上がり、よりも周全体１cm大きくなるように伸してパイ皿に敷き込んで、端をカットする。縁の形を整えて、冷蔵庫で休ませておく。

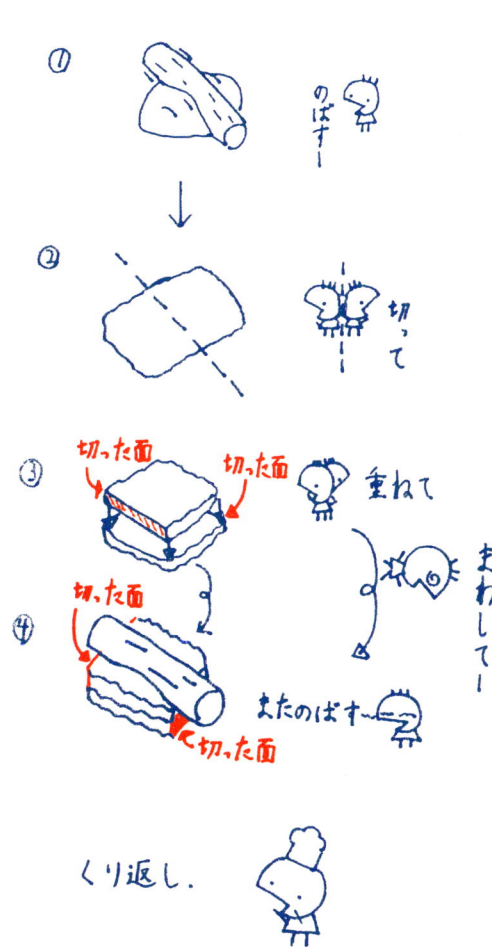

【果物を準備する】

1. 好みの果物を洗って水気をふき取り、皮をむいたり切ったりする。小さく薄く切ると火通りが良く、上からかけるアーモンド・クリームとのなじみも良くなる。
2. 休ませておいた皮生地の上に並べる。火通りを考えて、周囲は多め中央は少なめ、でも、焼き上がりの模様も考えて並べて、スパイスを振っておく。

【アーモンド・クリームを準備する】

1. 材料はすべて室温に戻しておく。ボールにマーガリンを入れ、ハンドミキサーで攪拌し十分に空気を含ませる。卵を割り入れ十分に攪拌する。生クリーム、ヨーグルト、白ワイン、アーモンドオイルの順に加え、そのつど十分に攪拌する。最後にアーモンドプードルを混ぜる。

【焼成する】

1. オヴンを200℃に予熱する。パイ皿のフルーツの上にアーモンド・クリームをかけて200℃－5分、170℃－20分、150℃－5分の見当で焼き上げる。パイの層を出すために最初は高温で急激に浮かせて層を固め、段々に温度を下げて生の果物に火を通す。オヴンの種類や、その日の天候、果物の状態によって焼き加減が違ってくるので、オヴン焼きには調整が必要。

こうして焼いたフルーツ・パイは、砂糖を使っていないからすっきりで、アーモンド・クリームをかけてあるからリッチな味。
このレシピのパイ皮は、バターの少ない英国風の配合と作り方。フランス風パイのような多層にはなりませんが、カロリー低く上がります。

サワー梅酒

梅サワーではありません。サワーな梅酒です。砂糖は使いません。35度のホワイトリカーや梅酒用ブランデーを使い、あとは醸造酢を用います。梅の香りと酸味、蒸留酒の香り、そしてお酢の酸味が混じった「すっぱい梅酒」なのです。梅のエキス分を引き出す力はアルコールと、あとは砂糖ではなくて酸。「梅酒は飲みたいけれど甘ったるくてイヤ」とか、「食事の前に甘くないカクテル風のお酒は？」といった時に向いています。

材料
青梅　1kg、　35度ホワイトリカー　500cc、　醸造酢　500cc

作り方
1. 青梅は水洗いしてから、たっぷりの水に一晩つけて灰汁抜きをする。
2. ざるにあげ、竹串でへたを取り、十分に水気をふき取る。
3. 熱湯消毒した広口びんに梅を入れ、梅が隠れるまでホワイトリカーとお酢を入れて軽くゆすり、びんの口をしっかりと閉じて冷暗所で1ヶ月ねかす。その間1週間に1回、びんをゆすって全体が混じるようにする。

ホワイトリカーとお酢の割合は半々が原則。二つ合わせて梅が隠れる分量が必要ですが、びんの形によって必要量は違ってきますから、調整が必要です。たくさんの梅で大きな保存用のびんを用いたり、手軽に少しを小さなびんで作ったりもできます。
漬けておいた梅の実はもちろん使えます。そのままカリカリ食べてしまったり、ケーキに焼き込んだり、刻んでサラダに散らしたり...。
サワー梅酒の基本がすっぱすぎたり甘みがほしかったなら、使うときに蜂蜜やガムシロップを加えます。あるいは、市販の梅酒や梅サワーとブレンドします。牛乳に加えると少し固まってヨーグルト風ドリンク。プレーンヨーグルトに混ぜれば、梅風味のヨーグルト...。
この梅酒、約半分が35度のアルコールですから、アルコール分もなかなかに強いです。アルコールや酸に対する、自分の強さを考えながら使ってみて下さい。

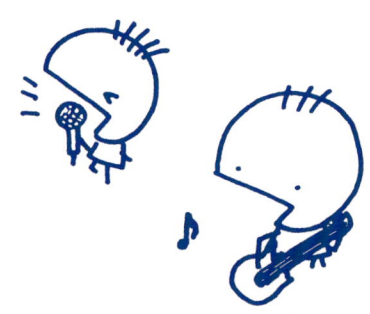

サワー干し柿

前項でサワー梅酒を書きました。梅を、リカー+お酢で漬けておくだけ、のドリンクです。青梅は甘みが極少ですから、サワー梅酒の甘みも極少。でも青梅を干し柿に代えると、甘くとろりとしてきます。干し柿の場合、漬け込み期間は2週間程度で大丈夫。果肉が崩れて漬け込み液と混じるかもしれませんが、それはそれのおいしさとなるでしょう。

材料

干し柿　200ｇ、35度ホワイトリカー　100cc、　醸造酢　100cc

作り方

1. 干し柿は、枝を取り除きふきんで表面の汚れを取る。
2. 熱湯消毒したびんに干し柿を入れ、リカーとお酢をひたひたまで注ぎ、びんをゆすって全体混ぜる。
3. 冷暗所で2週間以上、寝かせる。

干し柿は、国産と中国産で大きく品質が違います。さらに国産といっても、これまた品質いろいろです。乾き具合が違いますから、ひたひたになるまでの液体量は違い、漬け込んでおいた後の状況もまた違います。だから、分量も期間も必要に応じて加減して下さい。

サワーなドライフルーツたち

　いろんなドライフルーツで、35度アルコール＋醸造酢漬け、を作ることができます。ガラスびんにドライフルーツを入れ、35度アルコールとお酢を注いで、冷暗所に置いて時々びんをゆすり、エキス分が出て酒や酢の刺激が無くなるのを待つ......　これだけです。フルーツを小さく切るか、そのまま使うかで、漬け込み期間は変わります。ドライフルーツによっては砂糖添加というのもあるのですが、それぞれの果物で風味も味も色も違うので、いろいろ種類作っておくと、いろいろの好みに応じてくれます。インスタント・コーヒーの空きびんを利用すると、少量が気楽に作れます。

　クコの実、などというのもいいですよ。クコの実は冷え性の妙薬。ちょっと変わった匂いを楽しみ、鮮やかな赤を活かし、酢の物にも使えます。

　「干しいも」も漬けておけます。干したさつまいもの酢・アルコール漬け、などと言うと奇妙に思うかもしれません。（それに、さつまいもは果物ではないですし...。）でも、干して粉を吹いた素朴な味は、漬けておいても残ります。食べる時に電子レンジでデンプンの柔らかさが戻る程度に加熱して、椿の葉の上に乗せておけば先付けの一品。オヴントースターでパンをトーストする時、パンの上に乗せて一緒にトーストすると、いつものトーストに甘みとアクセントが加わります。リンゴ、レーズン、チーズと合わせた「干しいもピツァ」などというのは、一瞬みんな驚くけれど、おいしいと言ってくれます。

ジャムみたいな ドライフルーツ

ドライフルーツは水分が少なくて、糖分が濃縮されています。そのままでも甘くって、そして鉄分といったミネラル類や食物繊維が豊かです。珍しい果物のドライも輸入され、保存もきくから買い置きがあると、ちょっとしたあしらい、飾り、色や味の変化やアクセントに便利です。

フレッシュフルーツを砂糖水で煮てコンポートにするように、ドライフルーツを水とワインで炊いてあげるのも、利用の一つの方法です。もとが甘いから、上がりはジャムみたい。ドライフルーツも、物によっては砂糖添加というものもありますが、でも市販のジャムの甘さに比べたら、炊いたドライフルーツのジャム風は優しい甘さ。以下のレシピのジャム風は、酒のおいしさ、スパイスの香り、そしてブルーベリーならば、目をいたわってくれるアントシアニン、などというのがとれるのもありがたいです。

材料

ドライフルーツ　100ｇ、　水　100cc、　ワイン　20cc、
レモン（薬品無添加）の皮のすりおろし　少々、　好みのスパイス、　レモン汁　10cc

作り方

1. ドライフルーツを小さく刻む。厚手の鍋にレモン汁以外の材料すべてを入れ、弱火でコトコトと10分煮る。
2. 火を止め、レモン汁を加えて混ぜて出来上がり。

ドライフルーツは、いろいろなものが手に入ります。レーズン、サルタナレーズン、あんず、チェリー、パパイア、マンゴー、パイン、ブルーベリー…。苺だって干したものが売られてます。煮て小さな容器に入れて冷蔵庫に置いて、1週間は何やら・かにやらに使えます。

お饅頭

前でドライフルーツを使ったジャム風を作りました。あのジャム風を包んで、お饅頭もできます。ジャム風ドライフルーツをお饅頭の中身にするためには、何かつなぎが必要。ここでは、クリームチーズを使ってあります。ドライフルーツのジャム風が作ってあれば（あるいは、ドライフルーツをお湯やワインで柔らかく戻して）クリームチーズと合わせれば、甘くって少しすっぱくて、そして脂肪分ある洋風あんができます。

そしてお饅頭の皮は？　イーストを使った中華饅の皮です。発酵を助けるために少しのお砂糖を使うだけ。和菓子の饅頭生地とは比べ物にならないわずかなお砂糖で、イースト発酵の香りとほのかな甘さを味わいます。和・洋・中のフュージョン饅、蒸し器から出して荒熱が取れた頃が食べ頃です。

材料：5個分

〔皮〕中力粉　100ｇ、サラダ油　5ｇ、砂糖　5ｇ、ドライイースト　2ｇ、ぬるま湯　60cc
〔あん〕ドライフルーツのジャム風　100ｇ、クリームチーズ　50ｇ

作り方

① ボールに皮材料全部を入れ、10分ほど力を入れて捏ねる。なめらかで弾力のある生地になったら、丸くまとめて薄くサラダ油を塗ったボールに入れ、ラップで覆って30分、35℃くらいの所で1次発酵させる。

② 1次発酵の間にあんの準備をする。クリームチーズは室温に戻し、柔らかくもみこんでドライフルーツのジャム風と混ぜあわせる。後で包みやすいように、5個に分ける。

③ 1次発酵後の生地を、打ち粉をしたボードの上に取り出し、5個に切り分け、それぞれ丸くまとめる。手のひらで平らに伸してから、麺棒で直径10cm程度に伸ばし、あんを包み、閉じ目をしっかりと閉じる。閉じ目は上でも下でも、蒸し上がりの形の好み次第。生地の底にベーキングシートを付ける。

④ 蒸し器に、たっぷり外へ出る大きさの布巾を敷き、間を十分にあけてベーキングシートに乗せた包み終わりの生地を並べる。蒸し器下段にたっぷりのお湯を40℃に保ち、蒸し器内で20分、2次発酵させる。

⑤ 蒸し器の上から布巾を掛け、蓋をして上下の布巾をかませて蒸し器に点火。最初は強火。湯気が元気に出たら火を弱め、中火で10分程度蒸す。皮がふくらみ、下から張り上がった感じが出れば蒸し上がり。蒸し器の外へ出して金網の上へ移し、うちわであおいで急激に冷まして艶良くあげる。

このお饅頭の皮で、肉饅やあん饅が作れます。それ以外の中身にも使えます。しゅうまいを包んで蒸すと、「しゅうまい饅」ができます。肉ジャガの残りを包んで蒸せば「肉ジャガ饅頭」で、きんぴらゴボウで「きんぴらゴボ饅」、ビーフシチューの残りで「ビフシチ饅」。つまりだいたい何を包んでも、何となく相性よくいってしまうのが、この皮です。水っぽくなくて、包みこんでしまえるものなら、あり合わせでやってしまえます。

チョコレート・トリュフ

「チョコは食べたし、太るは怖し。」……　さて、そんな向きには「チョコ無しのチョコめいたもの」を作ってみましょう。外見はココアパウダーをまとったチョコレート・トリュフですが、基本材料はクリームチーズと純ココアです。甘さは少なく、でもチョコレートの味が欲しい方にお勧めです。

材料：直径3ｃｍ10個分

クリームチーズ　100ｇ、　純ココアパウダー　大さじ２、　卵黄　半個分、
スキムミルク　大さじ２、　カシューナッツ　40ｇ、　ラムレーズン　20ｇ、
バニラエセンス　少々、　純ココアパウダー（仕上げ用）　大さじ２程度

作り方

① カシューナッツは、140℃のオヴンで２分間空焼きをして水分を飛ばし、細かく刻む。ラムレーズンも細かく刻む。バットに仕上げ用ココアパウダーを広げておく。

② クリームチーズを電子レンジ加熱で柔らかくし、ホイッパーでペースト状に練る。ココアパウダー、卵黄、スキムミルクを練りながら加えていって、均質なペースト状にする。

③ 刻んだカシューナッツ、ラムレーズンを加えて混ぜる。

④ スプーンを用いて10個にまとめ、バットのココアパウダーの上に落としてココアをまぶし、丸く仕上げる。

全体は柔らかですが、ローストしたカシューがところどころ軽やかな歯触りを与え、チョコレートの香りはするけれど、チョコレートのようには甘くないトリュフ・ボール。このトリュフは、一般的なミルクチョコレートに比べてカロリーは約2/3。甘みというより苦み・酸味・塩味を感ずる大人の味。ウィスキーやブランデーのおともにも向いています。

MEMO

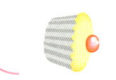

つめたいお菓子

きなこ
ミルクゼリー

うっすらとしたきなこの焦げ目の香り、優しい甘さ、口あたりも優しいです。

材料：6個分

きなこ 100ｇ、 スキムミルク 50ｇ、ソフトマーガリン 30ｇ、水 400cc、
粉ゼラチン 6ｇ（冷水 30cc）、 ラム酒 大さじ2、 （好みのトッピング）

作り方

1. 粉ゼラチンは、作り始める30分前に冷水に振り入れておく。
2. 手鍋にきなことスキムミルクを入れ、小さなホイッパーでよく混ぜる。ダマにならないよう水を少しずつ加えて、さらに混ぜる。ソフトマーガリンを加えて弱火にかけ、そっと混ぜながら一煮立ちさせる。
3. 火を止めて、①のゼラチンを加え、やさしく混ぜてしっかり溶かす。ラム酒を混ぜる。
4. 器に流し、冷蔵庫で冷やし固める。

柔らかな食感を得るために、ゼラチンの使用量を少なめにして生地は柔らか。型から抜く固さではなく、器からスプーンで食べる固さです。
写真のゼリーのトッピングは、くるみのロースト、ピーナツのロースト、そしてレモンバームです。クルミとピーナツは、オヴントースター等で空焼きをしてから荒みじんにしてあります。ゼリーは柔らかいけれど、これらのトッピングはカリカリしていて、2つの食感が楽しめます。でも、トッピングとして生クリームを絞ると、「本物のお菓子？」といった感じ。

バナナ・アイスクリーム

果物にしては水分が少なくて糖質が多く、天然のバニラの香りを持っているバナナで、簡単にできてしまうアイスクリーム。バナナは、完熟して糖分が十分に出ているものを使うと、おいしくできます。

材料：4人分

完熟バナナ　400ｇ、　レモン汁　20cc、　レーズン　20ｇ（水40cc）、
バターピーナツ　40ｇ、　スキムミルク　20ｇ、　ラム酒　20ｃｃ、バニラエセンス　少々

作り方

【材料を混ぜる】
1. レーズンを水40ccに入れ、電子レンジ加熱して柔らかく戻す。
2. フードプロセッサーに、①のレーズン以外の材料すべてを入れて攪拌し、なめらかな生地を作る。最後にレーズンを加え、軽く攪拌する。

【氷らせる】
1. 金属のボールに生地を移し、フリーザーに入れ、30分に１回くらいホイッパーで空気を抱き込ませながら氷らせる。

バターピーナツは、油分が付加されて少しの塩味が付いています。だから、アイスクリームにこくと味が加わります。

フードプロセッサーを使うと、バターピーナツをペースト状にするのは簡単です。でも、パンに付けるピーナツバターを利用することもできます。ピーナツバターのチャンク（小さな粒）が混じっていたら、舌ざわりのアクセント。

レーズンは、粒が残っていても、粒がないくらいにつぶして生地に混じっていても、そこはお好み。どれくらいフードプロセッサーにかけるかで、調節できます。

ビール・シャーベット

甘くはありません。うっすら塩味、ビールの苦み、クミンとフェンネルの香り。でも食感は、シャリシャリしたシャーベット。こってりとしたメインコースの後に、油分はあるけれど、すっきりさっぱりさせてくれるデザートとして、喜んでもらえそうな氷菓です。

材料：4人分

ビール 100cc、 卵黄 1個、 塩 0.5g、 クミンパウダー 小さじ1/4、
生クリーム 50cc、 卵白 1個分、 フェンネルシード 小さじ1/2

作り方

1. 材料は全て冷やしておく。
2. 大きなボールに塩と卵黄を十分溶きほぐし、クミンを混ぜビールを加えてフリーザーに入れる。15分に1回くらいかき混ぜて、全体がみぞれ状になるまで氷らせる。
3. 別のボールで生クリームを6分立てにし、②のボールに加えて混ぜてみぞれ状に氷らせる。
4. 卵白をピンと角が立ったメレンゲに立て、③のビール＋クリーム生地に合わせる。再びフリーザーに入れ、15分に1回くらいホイッパーでかき混ぜてシャーベット状まで氷らせる。
5. フェンネルシードを、オヴントースター等でうっすらと焦げ目が出る程度に空焼きし、粉末に近くになるまで細かく刻み、シャーベットの最後のかき混ぜの時に加える。

レア・チーズケーキ

きなこビスケット、ドライフルーツ、クリームチーズを合わせると、お砂糖不使用のレア・チーズケーキができます。クリームチーズはもともとが高脂肪・高カロリーだから、そのままだって大体の人がおいしく感じます。だから、ヨーグルトや生クリームの味、ドライフルーツの甘みとシャリシャリした食感、卵白メレンゲのふんわり感も加えたこのチーズケーキ、お砂糖なしで軽くてリッチ。

材料：直径5cm×高さ5cmのセルクル6個分

〔きなこビスケット〕薄力粉　30ｇ、きなこ　30ｇ、バター　30ｇ、　卵　1個弱
〔チーズ生地〕クリームチーズ　50ｇ、　卵黄　1個分、　プレーンヨーグルト　50ｇ、
　　　　　　　卵白　1個分、　生クリーム　50cc、　粉ゼラチン　5ｇ、　白ワイン　25cc、
　　　　　　　好みのドライフルーツ　60ｇ、　赤ワイン　30cc、　レモン汁　10cc
〔仕上げ〕生クリームやミントやフルーツやといった好みの飾り

作り方

【きなこビスケットを焼く】
1. バターを1cm角に刻む。フードプロセッサーに粉、きなこ、バターを入れてサラサラになるまで攪拌する。卵を入れて、生地が一つになるまで攪拌する。
2. 生地をボードに取り、打ち粉をしたり冷蔵庫で休ませたりして、5mm程度の厚さに伸す。5cm直径のセルクルで丸く6個抜き、軽くピケをする。
3. ベーキングシートを敷いた天板に移し、200℃－5分、170℃に下げて10分、さらに140℃に下げて10分見当で焼く。
4. セルクルにはめ込み、バットに並べておく。

【ドライフルーツを戻す】
1. ドライフルーツを小さく刻み耐熱容器に入れて赤ワインをかけ、ラップをして電子レンジで柔らかくする。レモン汁を加えて混ぜる。

【チーズ生地を仕込む】
1. 使う30分前にゼラチンをワインで膨潤させておく。
2. 大きなボール内で40℃の湯煎に当てて、クリームチーズを柔らかく練る。卵黄を加えてさらになめらかに練る。ヨーグルトを加えて練る。戻しておいたドライフルーツを、汁と共にすべて加えて混ぜる。
3. ①のゼラチンを電子レンジで溶かし、②のボールに加えて全体に溶かし混ぜる。ボールはこのまま湯煎にしておく。
4. 氷水に当てて生クリームを6分立てにする。次に、別ボールで卵白をしっかりとしたメレンゲに立てる。
5. ③のボールを湯煎からはずして生クリームが当たっていた氷水に当て、かき混ぜながらとろみを付ける。少し重みを感じ始めたら、メレンゲを加えてホイッパーで混ぜ込む。最後に生クリームを加えて混ぜて、ビスケットがはめ込んであるセルクルに流し、冷蔵庫で固める。

【全体の仕上げ】
1. チーズ生地が冷蔵庫でぴっちりと固まったら、セルクルから抜いて、好みの飾りをする。

セルクルから抜かないで冷蔵庫で半日くらいおいて、チーズ生地とビスケット生地がなじむと、扱いやすいしおいしいです。ビスケットを焼くと少し焼き縮みするから、5cmセルクルで抜いて焼いたビスケットは、元の5cmセルクルにおさまります。型からはずす時は、お湯で熱くした布巾で型を巻いて、底のビスケットを押し上げます。1種類のドライフルーツでチーズ生地を作ってもいいし、複数フルーツ混ぜても作れます。

野菜・果物のプディング

カスタード・プディングの雰囲気を、野菜・果物・生クリーム・卵で、砂糖を入れずに作ってしまいましょう。味を深めて甘さの感じを補うために、牛乳でなくて生クリームを使います。生クリームのコレステロールが心配な方は、植物性のクリームで作って下さい。
写真では、さつまいも、カボチャ、人参、リンゴの4種類。作り方の原則は同じですが、これら4つの水分量は違うので、クリーム分量を加減します。

材料：ココット型6個分

さつまいも／カボチャ／人参／リンゴ　400ｇ、卵　2個、　生クリーム　200cc程度、
ラム酒　20cc、　バニラエセンス　少々、
スパイス（クローブ／ナツメグ／カルダモン／シナモンなど）、型に塗るマーガリン

作り方

1. ココット型にマーガリンを塗り、冷蔵庫へ入れておく。次に野菜または果物の準備をする。さつまいも、カボチャ、人参なら、電子レンジで柔らかくしてフードプロセッサーにかけ、ペースト状にする。リンゴならすりおろす。
2. ボール内で①の野菜・果物と、卵からスパイスまでの材料を合わせる。クリームの分量を加減して、全体生地がとろとろになるように調整する。
3. 冷蔵庫に入れておいた型に入れ、湯気の上がっている蒸し器に入れて蓋に布巾をかませ、中火で15分蒸す。

カボチャのトップ飾りのために、蒸し始める時、カボチャの皮の千切りを乗せました。リンゴの皮は蒸していると赤い色が飛んでしまうので、電子レンジで加熱して、食べる時にのせると元の色が活かせます。

MEMO

MEMO

揚げ菓子2つ

ゴマさつまドーナッツ

小さな揚げ菓子です。つなぎに白玉粉を使っているので、モチモチした食感が楽しめます。形をしっかりとさせるため、表面に小麦粉をまぶして揚げますが、ところどころ粉が焦げて、ハリリと香ばしい食感も生まれます。

材料：直径3cm10個分

さつまいも 150g、 白玉粉 20g、 白ゴマ 50g、 みりん 大さじ1、
シナモン 小さじ1/2、 薄力粉 大さじ1程度

作り方

【たねを作る】

1. さつまいもは電子レンジ加熱で十分柔らかくする。白玉粉は大きな粒はつぶす。白ゴマは、少し焦げ目の香りが出る程度に炒る。
2. フードプロセッサーにゴマを入れ、十分に攪拌してペースト状にする。白玉粉を加えて均質になるまで攪拌し、次に①のさつまいもを加えてなめらかになるまで攪拌する。
3. ボールに移しシナモンを加え、みりんを加えながら固さを調節する。さつまいもの質やレンジ加熱の具合によって水分量が違ってくるので、みりんの量で、揚げ物のたねとしてまとまりを感ずる固さにする。

【形づくる】

1. バットに薄力粉を大さじ1程度広げておく。たねを直径3cm程度のボール状に丸めてバットに転がし、薄力粉の膜を表面に作る。

【揚げる】

1. 余分な粉を払い落とし、170℃で3分程度揚げる。

揚げたてがやっぱり一番。でも、径は小さくともカロリーは高いから、食べ過ぎにご用心。残しておいても電子レンジ加熱をすればまた、モチモチ・ハリリがよみがえります。

フルーツ・フリッター

皮ごと食べてしまえる果物が手に入ったら、あるいは油のカロリーで体を燃やしたかったら、果物を「てんぷら」にしてしまうのも一つの食べ方です。「衣」にひと工夫とスパイス使用で、お菓子感覚に仕上がります。このレシピで使っている果物は、リンゴ、バナナ、柿、そして種抜きのドライプルーンですが、次にある配合の衣を使って、水分の多すぎない果物を、好みのスパイスと合わせて揚げることができます。

材料：果物200ｇ分

〔衣〕薄力粉　50ｇ、ベーキングパウダー　小さじ1/4、スキムミルク　10ｇ、卵　1個、
　　　白ワイン　10cc、冷水　10cc
〔果物〕リンゴ＋シナモン、　バナナ＋インスタントコーヒー、　柿＋カルダモン、
　　　　ドライプラム＋紅茶パウダー、など

作り方

【果物を準備する】
❶ 洗って十分に水気を拭き、小さめ薄めの好みの形に切り、ボール内でスパイス類小さじ1/2程度と混ぜておく。

【衣を準備する】
❶ 粉とベーキングパウダーは混ぜてボールにふるい入れる。スキムミルクを混ぜる。
❷ メジャーカップ内で卵、ワイン、冷水を軽く合わせ、①の粉類と軽く混ぜ合わせる。

【揚げる】
❶ 果物に衣を付け、170℃のサラダ油で揚げる。だいたいどの果物も、衣に火が通ればそれでOK。

フルーツ自体を食べたかったら衣はわずかに。かき揚げ感覚でいきたかったら、果物は千切りや細の目切りになど、独創自在。

ハーブ・ドリンク

　甘い雰囲気を、飲み物でとることもできます。自然の味をハーブから．．．。フレッシュやドライのハーブをお茶にすれば、甘み、酸味、清涼感、香り、薬効などが得られて、カロリーはほぼゼロ。フルーツジュースは大体が、100ｇ当たり50キロカロリー。グラス１杯飲めば100キロカロリー越――ロールパン１個分。コーヒーや紅茶はカロリーゼロでもカフェインがあって、時にはつらい。だから、ハーブ・ティーもおなじみドリンクとしてしまうと、わたしたちのいろいろな必要に答えてくれます。

　ハーブ・ティーのいれかたは、１人に対し、ポットの中に、ドライなら大さじ１、生なら大さじ３のハーブを入れて、沸騰した湯250ｃｃを注ぎ３分待つ、が原則です。ハーブの分量や抽出時間は、ハーブの種類や品質、そして飲む人の好みに合わせて調整して下さい。

　写真の５つは、ミント、ハイビスカス、レモングラス、ローズヒップ、そして中央が紅花です。

　紅花は血行促進に役立ちます。冷え症の女性にお勧めです。一風変わった重い匂い、オレンジ系のきれいな色。紅花ティーでスキムミルクを溶くと、カロリーは低くタンパク質とカルシュウムは多く、そしてスキムミルクの甘さがあるドリンクになります。くたびれて家に帰って来た寒い日に、紅花＋スキムミルク＋蜂蜜、で作ったホットドリンクを飲むと、ほっとしますよ。

MEMO

おわりに

　砂糖なしのお菓子たち、薄味で素材味。食べ慣れたものに比べたら物足りなく感ずるかもしれません。でも、強いお味は取り去れないけれど、うっすら味は必要に応じて足すことができるのがいいところ。人によって、時によって、必要によって、何かの味を加えて、自分好みで食べることができます。

　砂糖なしのお菓子たち、焼き物系は硬くなりがちです。これは砂糖という保湿成分を用いていないから当然のこと。でもこの本での基本姿勢は、自分の住まいで・日常のお菓子を・手作りすること。出来立てやちょうど食べ頃を見計らって作れば、硬くなったというトラブルは防ぐことができます。でもボソついても、レンジやトーストでまた蘇らせることができます。

　砂糖なしのお菓子たち、なんと言っても自分が作るから、新鮮素材や安心素材、自分の家の野菜・果物が使えます。販売目的ではないですから、しいて材料を調達せずにあり合わせを用いて、無駄なく食品やりくりができます。輸送もなく買ってからの持ち帰りもないから、形のくずれもお店での保存も気にすることなく、作ったままで食べられます。

　ちょっと変わったお菓子たち、まだまだいろいろ出来そうです。食べる物を自分で作る創造の楽しみです。

宇田　和子

　生まれる前から、母親の手作りで育った。僕にとっての食は、自由な創造の連続。

　小さな頃から、日本を歩きまわった。海外の30ヶ国以上へ行き、イギリスで料理研修にも参加した。

　そして僕は今、思う。「食は、自己と他者・自国と他国・人間と自然が織りなす、融合の営みではなかろうか」と。

宇田　恵

著者紹介

宇田　和子
　　1951年　新潟市生まれ
　　1974年　お茶の水女子大学文教育学部卒業
　　1977年　東京大学大学院人文科学研究科修士課程修了（文学修士）
　　1995年　日本菓子専門学校通信教育部卒業（製菓衛生師免許取得）
　現在　埼玉大学教授（英語・英文学担当）
　著書・論文：『Healthy Easy Scones』近代文芸社　1993年
　　　　　　　『食生活史「ジェイン・エア」』　開文社出版　1997年
　　　　　　「『嵐が丘』食生活調査」『ブロンテ姉妹の時空』（中岡・内田編著）
　　　　　　　　　　　　　　　　　北星堂書店　1997年 など

宇田　恵（♂）
　　1982年　さいたま市生まれ
　現在　埼玉大学　学生

お砂糖なしのケーキブック〔検印廃止〕

2001年10月15日　初版発行

著　　者	宇　田　和　子
イラスト	宇　田　　　恵
発 行 者	安　居　洋　一
印刷・製本	株式会社文優社

〒160-0002　東京都新宿区坂町26
発行所　開文社出版株式会社
電話（03）3358-6288番・振替00160-0-52864

ISBN4-87571-864-0 C2077